Dieta Psicologica

COME

DIMAGRIRE E PERDERE PESO SENZA SFORZI

Perdere Peso è solo questione di testa. Scopri come puoi dimagrire mangiando ciò che vuoi. La Dieta Psicologica per bruciare grassi in modo costante, con o senza dieta!

scritto con la collaborazione di Ivan N. De Sanctis

Giulia M. Trevisan

Premessa

"Come Dimagrire Senza Sforzi" è indubbiamente il miglior libro che tu possa leggere, sia se sei intenzionato ad iniziare una dieta, sia se hai necessità di migliorare il tuo regime alimentare.

Infatti in entrambi i casi dovrai affrontare il più gran nemico che tu possa incontrare lungo il tuo percorso: la tua mente.

Nessun altro libro ti parlerà mai di dieta, dimagrimento e perdita di peso come farò io nelle seguenti pagine.

Ti insegnerò come ottenere risultati veri, verificabili e definitivi senza dover fare alcuno sforzo in cucina.: non dovrai più affrontare quotidianamente fastidiose tentazioni, non dovrai rinunciare mai più a nulla e ciò che mangerai sarà tutto ciò che realmente desidererai mangiare.

Ti sembra inverosimile, vero?

Ma non è ancora nulla: preparati a comprendere ciò che nessuno ti ha mai detto e quindi a diventare finalmente una persona nuova, una persona che ama sé stessa.

Sommario

Modificare le proprie abitudini alimentari senza una vera consapevolezza su ciò che si deve fare a livello mentale è come provare a scalare l'Everest dopo essersi documentati sul web e aver fatto spesa al Decathlon.

(Giulia M. Trevisan)

Introduzione

Puoi dimagrire mangiando tutto ciò che vuoi!

Hai mai sentito parlare della possibilità di perdere peso continuando a mangiare tutto ciò che si vuole?

«Che stupidaggine!». Novecentonovantanove persone su mille direbbero con assoluta certezza che si tratta di una delle più grandi fesserie mai scritte.

Ma come al solito, su un campione di mille persone, novecentonovantanove sono sempre in errore. Non è un caso che, su mille persone, solo una persona sia ricca. Non è un caso che, su mille persone, solo una persona sia in perfetta forma. Non è un caso che, su mille persone, solo una persona si senta completamente realizzata. Non è un caso che, su un campione di mille persone, novecentonovantanove si perdono in inutili discorsi mentre una sola è quella che agisce.

La maggior parte delle persone si ferma ad osservare la superficie e raramente si accorge della grande verità che è celata sotto di essa.

Parlano, criticano, invidiano e odiano. Non lo fanno per cattiveria, si comportano così in modo automatico perché è la vita, l'ambiente e l'infanzia ad averli forgiati così.

La loro vita è lo specchio della loro mente, tutto ciò che fanno è il risultato di ciò che pensano.

Sai bene che è molto più facile criticare ed unirsi al malcontento piuttosto che rimboccarsi le maniche e passare all'azione. Mal comune, mezzo gaudio... non è così che solitamente si dice?

Torniamo dunque alla frase con la quale ho iniziato questo libro: puoi dimagrire mangiando tutto ciò che vuoi.

Nonostante sia incredibile e difficile da accettare razionalmente, questa affermazione contiene una grandissima verità. Non c'è nulla di nascosto, è tutto alla luce del sole ma sono soli pochi coloro che comprendono il segreto celato in queste poche parole.

Questo libro ti aiuterà ad aprire la mente in modo da poter vedere tutto sotto una luce diversa: in quella affermazione è racchiusa tutta la verità che regola gran parte dello scorrere della vita e interpretarla correttamente è il primo grande passo per la realizzazione di qualsiasi tuo obiettivo.

Questo libro è indicato per tutte le persone che desiderano perdere peso, per tutti quelli che vogliono un fisico perfetto, per chi ha già fallito nel suo intento e per tutti quelli che sono costantemente dubbiosi verso le loro stesse capacità.

I principi generali che leggerai potrai inoltre applicarli per realizzare qualsiasi tuo obiettivo, non solo per perdere peso o avere una forma fisica invidiabile.

Dopo la lettura di queste pagine sarai una persona diversa, avrai una nuova consapevolezza della grandezza che è dentro di te e sarai determinato a raggiungere il tuo obiettivo, qualunque esso sia.

QUALUNQUE ESSO SIA!

Non ti dico che sarà semplice. Inizialmente dovrai impegnarti ed essere costante ma, con il passare del tempo, acquisirai un automatismo tale da non dover più compiere alcuno sforzo. Inoltre, una volta raggiunto l'obiettivo non sarai mai tra quelli che tornano indietro. Quante persone una volta terminata una dieta tornano in poco tempo a recuperare tutti i kg persi? Sono tutte persone che si sono sacrificate inutilmente per settimane o addirittura per mesi. Tu invece, non solo raggiungerai il tuo obiettivo con facilità, ma sarai costante nel conservarlo ed otterrai una nuova consapevolezza che ti porterà ad apprezzarti come persona e ad indicare nuovi obiettivi per la tua vita.

Ti mostrerò anche semplici esercizi che non ti occuperanno più una mezz'ora al giorno.

Le uniche cose che ti serviranno saranno costanza, fiducia nelle tue potenzialità e soprattutto piena fiducia in ciò che farai. Nessun dubbio!

Non perdere tempo.

Inizia fin da subito.

Apri gli occhi

Il mondo di oggi viaggia troppo velocemente per poterci permettere dubbi e fallimenti. Noi tutti abbiamo la fortuna di vivere in un'epoca dove l'informazione è a portata di mano, molto spesso è gratuita o costa davvero poche monete.

Ci sono molti libri a disposizione per poter apprendere tanto e su qualsiasi argomento. Siamo fortunati. Immagina come poteva essere vivere nei primi anni del secolo scorso. Quanto ti sarebbe costata un'informazione?

Non mi riferisco esclusivamente al denaro ma anche al tempo e allo sforzo fisico che era necessario fare solo per poter accedere a quell'informazione.

E poi... come sarebbe stata

quell'informazione?

Completa o incompleta?

Giusta o sbagliata?

Avresti perso altro tempo per ottenere altre informazioni e poterla quindi verificare?

Se ci pensi, tutto questo oggi lo puoi fare con pochi click, tutto in pochi secondi.

Anche la possibilità di rivolgersi ad un buon medico oggi è più semplice di allora.

Ed oggi come allora è necessario un consulto medico per poter definire la migliore dieta per poter perdere peso in modo corretto.

Fisicamente non siamo tutti uguali, ognuno ha le proprie necessità e ogni corporatura ha una risposta diversa.

Nonostante ciò abbiamo comunque la possibilità di scegliere tra vari tipi di diete e possiamo facilmente documentarci su internet senza dover nemmeno uscire di casa.

Di solito si compiono i seguenti tre passi:

- consulto medico
- scelta della dieta
- acquisto dei libri di ricette

Il consulto medico è consigliato e tutti dovrebbero rivolgersi ad uno specialista prima di modificare drasticamente il proprio regime alimentare. Anch'io ti invito a contattare il tuo medico o il tuo dietologo affinché possa consigliarti la strada migliore da percorrere. Tanto a me non interessa nulla ciò che ti dirà: quello che ti spiegherò esula da qualsiasi consiglio medico, ricetta o cibo. Ciò che ti insegnerò potrai applicarlo non solo a qualsiasi ricetta ma a qualsiasi aspetto della tua vita.

Dunque quelli che abbiamo visto sono i classici tre passi che compiono tutti (alcuni a dire il vero saltano erroneamente il primo non recandosi dal medico e optando per un pericoloso "fai da te") ma è il terzo passo quello per noi fondamentale e sul quale adesso dobbiamo soffermarci: l'acquisto dei libri di ricette.

«Ma questo libro non ha all'interno nemmeno una ricetta!» potresti obiettarmi a questo punto.

Ed io potrei darti ragione dato che, in effetti, non c'è alcuna ricetta proposta nelle prossime pagine. Non troverai nemmeno un ingrediente per essere precisi!

Ma allo stesso tempo avresti anche torto perché, leggendolo e rileggendolo, capirai come tra queste pagine sia nascosta la migliore ricetta che tu possa mai trovare in un libro sulla perdita di peso.

Perché dunque ti sto dicendo che analizzare la fase di acquisto di un buon libro di ricette è fondamentale?

Torniamo alla mia affermazione con la quale ho iniziato il libro: è possibile perdere peso continuando a mangiare tutto ciò che si vuole.

Questa frase è strettamente collegata alla necessità di scegliere un buon libro di ricette: infatti è luogo comune che mangiare ciò una persona desidera equivale a mangiare ciò che piace.

Non ti è ancora chiaro, vero?

Va bene, è giunto il momento di aprire gli occhi.

La dieta è sempre vista come una rinuncia, un'azione forzata che porta a dover rinunciare ad uno dei più grandi piaceri della vita: il mangiare.

Proprio per questo un libro di ricette è spesso il risultato della nostra ricerca di qualcosa che possa addolcirci la pillola, di qualcosa che possa rendere più semplice questo difficile percorso verso la perdita di peso.

Inconsciamente sai che stai per intraprendere un percorso arduo e pieno di difficoltà e dunque cerchi un modo per renderlo meno insidioso. Quindi, se stiamo seguendo una dieta, noi non compriamo un libro di ricette perché sia necessario ai fini della dieta stessa.

Chiunque potrebbe portare a termine la propria dieta senza alcun ricettario!

Noi lo compriamo solo perché è la nostra mente a suggerirci l'acquisto e per il solo fine di alleviare una sua preoccupazione.

Razionalmente puoi credere che stai facendo la cosa giusta per te ma il tuo subconscio vede la dieta esclusivamente come una rinuncia ad uno dei piacerei più belli della vita.

Un libro di ricette allevia il senso di rinuncia perché ci aiuta a presentare in modo diverso ciò che in realtà non si è disposti realmente a fare.

Non voglio mangiare le carote però... forse presentate in un altro modo potrebbero piacermi di più!

Fattelo dire chiaramente: così non stai agendo nel modo giusto. Stai seguendo una dieta ma mentalmente preferiresti essere nel miglior ristorante ad abbuffarti di succulente pietanze preparate dai migliori chef.

In questo modo la dieta è dunque vissuta come una forzatura e per questo cerchiamo qualsiasi scorciatoia per poter allentare le catene che imprigionano la nostra mente.

A questo punto anche un bambino delle elementari capirebbe che c'è un solo modo corretto di agire.

Basterebbe eliminare l'idea della 'dieta come rinuncia' per non sentire più la necessità di acquistare un libro di ricette come soluzione ad un problema.

Quando si compra un libro di ricette lo si fa con spirito positivo, con voglia di sperimentare, con il desiderio di apprendere nuove tecniche o semplicemente di stupire a tavola o far felici i propri figli.

Nessuno compra un libro di ricette spinto da un pensiero negativo! ...a meno che non stia seguendo una dieta che in realtà non vuole fare. No?

Torniamo dunque alla famosa frase: è possibile perdere peso continuando a mangiare tutto ciò che si vuole.

Qual è dunque la chiave di lettura della frase?

"Quel che si vuole.".

Esatto!!!

Basterebbe modificare il proprio pensiero, creare ed accettare la nuova immagine di sé, per far sì di avere voglia di mangiare esclusivamente quei cibi che sono utili per il raggiungimento del proprio obiettivo.

A questo punto il tuo subconscio non vedrà più la dieta come una rinuncia ma solo come un mezzo per raggiungere un preciso scopo e, se sarai focalizzato a raggiungere il tuo obiettivo, non avrai bisogno di un ricettario per addolcirti la pillola ma desidererai esclusivamente i cibi che ti potranno condurre alla metà.

Capisci dunque qual è l'enorme differenza nel riuscire a cambiare il proprio modo di pensare?

Su mille persone, ben novecentonovantanove pensano subito alla dieta come una rinuncia al cibo, al gusto, alla libertà di mettere qualsiasi cosa sotto i denti.

Su mille persone, una sola persona invece si concentra sull'obiettivo ed inizia a desiderarlo così ardentemente da modificare il proprio pensiero e quindi considerare la dieta solo come un mezzo per raggiungere il proprio scopo.

"Usa la tua mente per cambiare la tua vita."

(Wallace D. Wattles)

Adesso sei pronto per rispondere nuovamente alla domanda.

È possibile perdere peso continuando a

mangiare tutto ciò che si vuole, cioè tutto ciò che la tua mente desidererà mangiare dopo essere stata modificata?

La risposta è… certamente sì!

Vedi come si può facilmente cambiare idea solamente modificando il punto d'osservazione?

In questo libro, oltre alla teoria, scoprirai anche diverse tecniche da adottare per poter cambiare radicalmente il tuo approccio ad una qualsiasi dieta per ottenere con più facilità e con certezza i risultati sperati.

Dieta Mediterranea, dieta Atkins, dieta chetogenica, dieta macrobiotica, dieta vegana… tutte le diete che possono venirti alla mente hanno un solo ed unico principio alla base.

Se non lo conosci o se non sei in grado di metterlo in pratica, potresti essere destinato al fallimento.

Sai quali sono due dei principali timori di chi

si appresta ad iniziare una dieta?

Il primo è quello di non essere in grado di portarla a termine.

Il secondo è quello di non riuscire a mantenere il peso perso in modo stabile.

Il primo l'ho abbondantemente spiegato, il secondo problema deriva dal fatto che non basta la forza di volontà. Puoi sforzarti all'inverosimile, soffrire per settimane e raggiungere l'obiettivo ma se non cambierai la tua mente tornerai inevitabilmente alle vecchie cattive abitudini. Tornerai a prendere peso e recupererai tutto, gettando alle ortiche tutti gli sforzi fatti.

Se almeno una volta sei stato sfiorato da uno di questi due pensieri (non farcela a dimagrire o a mantenere il peso perso), non hai un problema legato al tipo di dieta.

Infatti chi ha ben chiaro il proprio obiettivo non perde tempo a porsi simili domande. Anzi, non è nemmeno sfiorato dall'idea di poter fallire.

Quindi smettila di passare da una dieta all'altra e fermati un istante a curare la tua mente.

Prima di poter perdere peso devi essere in grado di costruire nella tua mente l'immagine di ciò che vorresti essere.

Questa è la base imprescindibile, sia per poter ottenere validi risultati sia, una volta acquisiti, per mantenerli nel tempo.

È facile ottenere risultati? Si, ma solo dopo aver modificato i propri pensieri.

È facile modificare i propri pensieri?

Si e no.

Andare ad agire sulla propria mente è allo stesso tempo sia la cosa più facile da fare ma anche la cosa più difficile da fare.

Se ci pensi bene anche perdere un po' di peso all'inizio non è che sia così difficile. Il problema arriva quando lo si vuole fare in modo costante e conservare i risultati raggiunti.

Allo stesso tempo, applicare dei semplici esercizi per poter modificare i propri pensieri è molto molto semplice. All'inizio tutto è facile, è l'essere costanti e fiduciosi nel tempo che è molto più difficile.

Nota Bene

L'argomento centrale di questo libro è la perdita di peso ma non c'è nulla nella vita che sia impossibile fare. Una vita piena di successi, soldi, felicità. Per la maggior parte delle persone è solo un sogno. La verità è che abbiamo qualsiasi cosa a portata di mano, dobbiamo solo volerlo realmente. Se sei interessato ad approfondire questo argomento ti consiglio la lettura di "Mindset Revolution" (Ivan N. De Sanctis – 2020) in modo da poter scoprire come puoi rivoluzionare la tua vita esclusivamente riprogrammando il tuo subconscio.

26

Siamo uguali

In questo libro ci concentriamo esclusivamente sul benessere e più precisamente sulla propria forma fisica e sull'alimentazione, ma molti dei principi qui descritti potrebbero tranquillamente essere adattati a qualsiasi campo della propria esistenza, che sia ad esempio la salute o la ricchezza.

È necessario però fare una breve premessa per poter apprendere appieno tutte le potenzialità della mente umana. Ti riassumerò dunque in poche righe i pensieri dei più grandi autori del self-help: se devi perdere peso ed iniziare una dieta non hai la necessità di conoscere tutto ciò che è stato scritto, avrai in futuro sempre il tempo per poterti informare ulteriormente. Ciò che ti serve ora è conoscere le basi per poter comprendere il perché la mente funzioni in un determinato modo e il come dovrai agire per poter ottenere risultati apprezzabili.

Lo farò utilizzando l'immagine di un albero che tanto mi ha aiutato a capire tutta la potenzialità che è dentro ognuno di noi.

Devi sapere che tutti noi, nelle nostre differenze, siamo uguali.

Io potrei essere una donna e tu potresti essere un uomo.

Io potrei essere basso e tu potresti essere alto.

Io potrei essere di carnagione scura e tu potresti essere di carnagione chiara.

Si, indubbiamente siamo differenti.

Ma allo stesso tempo siamo uguali.

Infatti noi siamo tutti esseri viventi, predestinati alla perfezione. Alla nascita, ognuno di noi ha le stesse potenzialità di chiunque altro di condurre una vita sana, una vita regolare, di mantenere per tutto il corso della propria esistenza un aspetto piacevole e uno stato di forma fisica invidiabile.

Poi però intervengono immediatamente numerosi fattori esterni che segnano le esistenze di tutti noi.

Veniamo al mondo totalmente vergini, senza alcuna conoscenza, un foglio bianco dove siamo pronti a scrivere, inconsciamente, tutte le informazioni che riceviamo.

Ad esempio non sappiamo che se mettiamo una mano sul fuoco ci bruciamo.

Però alla prima esperienza o sotto consiglio di una persona vicina, siamo pronti a scrivere nella nostra mente vergine questa informazione. Successivamente questo avviso che abbiamo appuntato da qualche parte nel nostro subconscio ci tornerà utile più volte nel corso della nostra vita ma non dovremo far nulla per recuperarla. Sarà tutto automatico. Quando vedi un incendio sai già che devi scappare, se sei davanti ad un barbecue sai già che non devi poggiare la mano sui carboni. Non hai necessità di pensare e nemmeno di ragionare. Fai tutto in modo automatico. Effettui delle scelte in modo automatico.

Immagina una grande pianta, carica di frutti. Appena questi frutti maturano, si staccano dai rami e cadono a terra pronti per essere mangiati.

Nel momento esatto in cui si staccano, tutti i frutti hanno la stessa potenzialità.

Ma non tutti seguono lo stesso percorso.

C'è il frutto che cade su un bel cespuglio d'erba e conserva tutta la sua bellezza, c'è quello che cade su una roccia e si ammacca, poi c'è quello che invece finisce in una pozzanghera o quell'altro che inizia a rotolare lungo il fianco della collina.

Questi frutti siamo noi, tutti figli dello stesso Universo, nati con la stessa potenzialità ma che solo il caso ci porta a percorrere strade diverse.

È solo a quel punto che cambiamo e rincontrandoci per strada, dopo tanto tempo, ci vediamo così diversi l'uno dall'altro.

Ma se eravamo tutti uguali, perché ora siamo così diversi?

Questo accade perché dimentichiamo l'aspetto principale che è la potenzialità.

Si possono cambiare le abitudini, si può cambiare la propria mentalità, si possono prendere decisioni diverse, si può vivere in contesti diversi ma una cosa resta sempre uguale per tutti: la potenzialità.

La potenzialità che abbiamo alla nascita non ci abbandona ed è con noi per tutto il resto della vita.

Un frutto caduto in una pozzanghera puoi lavarlo, quello ammaccato puoi ugualmente mangiarlo e ti darà lo stesso apporto nutritivo di quello sano.

Il frutto che è rotolato via sarà più difficile trovarlo ma, una volta recuperato, potrai mangialo come tutti gli altri.

Allo stesso modo, noi tutti conserviamo la nostra infinita potenzialità.

Alcuni saranno più avvantaggiati di altri e potranno scoprirla più velocemente, altri dovranno sudare un po' di più. Ma tutti abbiamo la stessa identica possibilità di raggiungere la piena consapevolezza nelle proprie capacità.

Siamo tutti figli dello stesso Universo e come tali abbiamo tutte le potenzialità dell'Universo stesso.

Non sono solo pochi studiosi ad affermarlo ma tutte le religioni concordano in ciò. Ad esempio nella Genesi è scritto che Dio creò l'uomo a sua immagine e somiglianza.

Cosa saremmo in grado di fare se solo riuscissimo a sfruttare tutte le potenzialità del nostro cervello?

Non c'è nulla che tu non possa fare se davvero lo volessi e questa consapevolezza dovrebbe accompagnarti costantemente durante tutta la giornata.

Chi acquisisce queste informazioni e le fa sue agisce in modo diverso e non si uniforma alla massa.

Quando vedi qualcuno che reputi fortunato o che fa una bella vita o che ha un fisico eccellente, non invidiarlo. Non seguire la massa che invidia, critica o odia, perché questa è destinata solamente a fallire.

Devi invece essere felice per lui e pensare che anche tu hai dentro di te tutta la potenzialità per poter raggiungere gli stessi obiettivi che ha raggiunto quella persona.

Se lo ha fatto lui puoi farlo anche tu!

Non importa la tua età o dove ora ti trovi.

Se riesci a cambiare la tua mente, a resettare i tuoi pensieri, a sostituire le informazioni che hai scritto nel tuo subconscio, allora potrai cambiare le tue abitudini e quindi potrai modificare repentinamente la tua vita.

Pensi che sei grasso? Non pensarlo.

Pensi che sarà dura affrontare l'ennesima dieta? Non pensarlo.

Pensi che sia impossibile ottenere una forma fisica invidiabile? Non pensarlo.

Non ti sto dicendo di non pensarci e quindi stringere i denti. Devi proprio "non pensarlo"!

Pensati invece bello, desiderabile, immaginati come vorreste realmente essere.

Trasforma questo tuo pensiero quotidiano in un ardente desiderio e portalo con te ogni minuto della tua giornata. Deve per te diventare un mantra. La tua mente non deve pensare ad altro in modo da creare una nuova immagine di te che sia bella, desiderabile, in perfetta forma e salute.

A prima vista sembra facile.

Ma attenzione, non lo è affatto.

Sicuramente alcune persone saranno avvantaggiate rispetto ad altre perché l'ambiente in cui si vive influenza in modo determinante la mente. Alcune persone dovranno lavorare sulla loro mente più duramente di altre ma tutti hanno la stessa possibilità di riuscita.

Adesso ti faccio un semplice esempio per convincerti definitivamente sulla forza della mente, sulla possibilità concreta di agire sul nostro subconscio per poter modificare la realtà che percepiamo.

Immagino che ti sia capitato spesso di camminare per strada, forse anche più di una volta al giorno.

Quante volte sei salito su un marciapiede nel corso della tua vita?

È un semplice gesto, che compi automaticamente e che, già dopo pochi anni di vita, chiunque compie meccanicamente, senza nemmeno doverci pensare.

In una frazione di secondo il nostro cervello calcola la distanza dal marciapiede e dà ordine.

Nello stesso momento centinaia di muscoli si attivano contemporaneamente, alcuni si distendono, altri si contraggono secondo una determinata sequenza, in modo da alzare la gamba e poggiare il piede sul marciapiede con un movimento fluido.

Tutti questi movimenti, centinaia di movimenti sincroni, sono preregistrati nella tua mente e non devi pensare e nemmeno ragionare per compiere un gesto tanto complesso.

Immagina ora di avere per i prossimi giorni una vocina in testa che di ripete continuamente «attenzione quando Sali sul marciapiede, potresti mettere male il piede e romperti la caviglia».

Questa voce ti ripete continuamente questa

stessa frase per centinaia di volta al giorno.

Quanto tempo credi passerà prima che inconsciamente inizierai a prestare maggiore attenzione ad un gesto che fino a pochi giorni prima era tanto semplice e sicuro da fare?

Ciò è esattamente quello che può accadere se tu decidessi di raggiungere un obiettivo, di desiderarlo con tutto te stesso e ti imponessi di pensare assiduamente ad esso.

Tu stesso devi essere quella vocina quotidiana che è giornalmente presente per poter modificare la tua mente.

Allora è tutto così facile?

Anche qui la risposta è no.

Nel prossimo capitolo vedrai già perché una cosa così semplice possa nascondere grandi difficoltà.

Pensa al presente

Uno degli errori che commettiamo è quello di non pensare mai al presente.

- Vorrei avere un fisico come quella modella raffigurata sulla quella rivista di moda.
- Mi piacerebbe perdere dieci chili.
- Con questa dieta perderò almeno venti chili.

Non c'è nulla di più sbagliato dell'avere dei pensieri che non siano già definiti e certi: trasformali tutti al tempo presente.

- Ho un fisico come quella modella presente sulla rivista.
- Ho perso dieci chili.

- Grazie a questa dieta ho perso venti chili.

Il proprio subconscio non distingue la realtà dall'immaginazione: ripetetegli all'infinito che al prossimo marciapiede ci si romperà una caviglia e lui ci crederà. Hai paura delle montagne russe? Se la risposta è sì proverai lo stesso disagio anche con la realtà virtuale. Poco importa che tu sappia in partenza che tutto è finto e che stai comodamente seduto su una sedia indossando una visiera speciale. La mente non distingue realtà da immaginazione.

Il tuo fine deve essere dunque quello di sostituire l'immagine che vedi riflessa nello specchio con quella che vai ad imprimere nella mente.

Per poter agire sulla propria mente è necessario pensare al presente ed inoltre nel farlo bisogna mostrare a sé stessi la massima fede nel conseguimento del risultato.

Ecco dunque i due fattori principali:

1. pensa al presente come se tu avessi già raggiunto il tuo obiettivo
2. credi realmente di aver raggiunto il tuo obiettivo

Ripetersi senza alcuna emozione di aver perso dieci chili non servirà a nulla se questa affermazione non è accompagnata dalla stessa emozione che si proverebbe nell'esatto momento in cui si raggiungerà realmente quell'obiettivo.

Come ti ho detto già nella premessa: è semplice ma allo stesso tempo è difficile.

Devi pensare e credere di aver già raggiunto il tuo obiettivo.

Le tue potenzialità sono infinite e non c'è nulla che tu non possa fare.

Se sei consapevole di ciò allora hai anche capito che il giorno in cui stabilirai un vero obiettivo, allora quello stesso giorno sarà quello in cui l'hai già realizzato.

Non c'è nulla che possa ostacolarti dal

perdere peso, le uniche resistenze sono solo nella tua testa.

Se capisci che puoi abbattere i paletti che in tanti anni hai piantato (o meglio che la tua famiglia o l'ambiente in cui ha vissuto hanno contribuito a piantare) nella tua mente, allora non puoi non cambiare, non puoi lasciarti sfuggire la grande occasione di dimostrare a te stesso che tutto ciò che desideri è possibile.

Esercizio

Esercizio da ripetere ogni giorno per almeno 21 giorni.

Prendi un quaderno e scrivi dieci frasi al presente, dieci frasi che ti rappresentano il giorno in cui conseguirai il tuo obiettivo.

Ad esempio potresti scrivere:

- finalmente ho perso 10 chili e mi sento in perfetta forma

- indosso la maglietta rossa che ho sempre desiderato poter indossare
- mi sento leggero/a e i miei movimenti sono più fluidi
- vedo la mia figura riflessa allo specchio e ciò che osservo mi piace

Ogni mattina, al tuo risveglio, scrivi le tue dieci frasi al presente.

Potrebbero essere le stesse o potrebbero essere diverse.

Poi rileggile più volte e a voce alta durante il giorno e subito prima di andare a dormire.

Questo esercizio è molto semplice e la ripetizione continua (soprattutto a voce alta) stimola il nostro cervello e fa sì che questi pensieri siano prima accettati dalla nostra mente conscia e poi si imprimano nel nostro subconscio.

È importante che durante la ripetizione a voce alta si unisca un vero sentimento di gratitudine, di gioia per il risultato ottenuto.

La gratitudine è un'altra grande forza che abbiamo dentro di noi. Non vergognarti nel dimostrare la tua gratitudine, tutti i grandi personaggi pubblici lo fanno. Quando si ritira un premio (pensa all'Oscar) la prima cosa che si fa è ringraziare.

Inserisci dunque anche una frase di ringraziamento tipo "Sono felice e grato perché finalmente ho raggiunto una forma fisica perfetta".

Anche questo sembra facile, sarai in grado di essere costante nel farlo?

Nota bene: se puoi, scegli una frase e registrala. Con un programma crea un audio dove ripeterai migliaia di volte quella frase. Potrai sentirla, a bassissimo volume, anche di notte mentre dormi. La mente è sempre vigile e a te basta sentire, non devi prestare ascolto. Puoi usare questo audio anche mentre fai footing o fai una passeggiata al parco. Ti ripeto, non è necessario prestare ascolto,

potrai osservare intorno o pensare ad altro. La
tua mente sentirà al posto tuo.

Definisci l'obiettivo

Puoi iniziare a fare gli esercizi contenuti in questo libro esattamente nello stesso momento in cui inizi la tua dieta.

A meno che la tua dieta non abbia già un arco temporale ben definito per arrivare ad un risultato (arco temporale realmente possibile e non, ad esempio, la perdita di quaranta chili in due settimane!) è consigliabile definire una data precisa entro la quale si vuole ottenere l'obiettivo.

Può essere utile anche fissarsi obiettivi intermedi.

Ad esempio se si vogliono perdere venti chili si potrebbe ipotizzare di perdere i primi cinque chili in quattro settimane (usa una data precisa!).

Scrivi dunque sullo stesso quaderno, sotto le dieci frasi al presente, il tuo obiettivo.

- Entro il giorno 12 del mese di giugno io sono certo di perdere i primi 5 chili. Per poterlo fare ho già un piano. Seguo una dieta, grazie alla quale adotto una alimentazione più sana e corretta.

Se invece hai un diverso obiettivo, come potenziare gli addominali o la muscolatura, puoi modificare la precedente frase come meglio ritieni opportuno.

Non cambiare mai il tuo obiettivo finché non l'avrai raggiunto e rileggilo ogni giorno, la mattina e la sera prima di andare a dormire.

Il consiglio che mi sento di darti è, per il primo obiettivo, di scegliere un traguardo non troppo difficile da raggiungere, in modo da avere un'ulteriore spinta in più una volta conseguito.

Importante: non stabilire più di un obiettivo. Di solito sono concatenati tra loro ma, se vuoi riprogrammare la tua mente, dovrai scegliere un obiettivo per volta.

Definisci te stesso

Crearsi una immagine mentale di sé stessi una volta raggiunto l'obiettivo è di fondamentale importanza perché devi andare a sostituire l'immagine che hai di te all'interno del tuo subconscio.

Tutti noi abbiamo la nostra immagine ben scolpita nel subconscio. Chi ha l'immagine di una persona coraggiosa risulterà sempre coraggioso, chi ha l'immagine di una persona insicura sarà invece timido e avrà difficoltà ad affrontare le relazioni sociali.

L'immagine di sé definisce in tutto e per tutto la persona, sotto tutti i punti di vista, e la persona stessa non può che comportarsi in modo congruo a questa immagine.

Devi necessariamente sostituirla se vuoi raggiungere il tuo obiettivo. È questa la parte più difficile: la riprogrammazione mentale. Una volta che avrai riprogrammato il tuo subconscio inizierai automaticamente a mangiare solo cibi sani e che ti consentiranno di raggiungere l'obiettivo. Non farai più alcun sforzo e mangerai davvero ciò che vorrai mangiare!

Quindi, hai tanto desiderato perdere peso o raggiungere un determinato aspetto fisico e finalmente ce l'hai fatta!

Come ti immagini in quel giorno?

Come ti vedi fin da ora con la certezza che raggiungerai il tuo obiettivo?

Soffermarsi a riflettere durante la giornata per crearsi un'immagine perfetta di noi stessi è importantissimo: devi avere sempre un'idea di te ben definita.

Non basta pensarti magro. Devi vederti già da ora come desidereresti essere, fin nei particolari.

Esercizio

Esercizio da ripetere ogni giorno per 21 giorni.

Una volta al giorno trova dai venti ai trenta minuti per te stesso, per poterti fermare a riflettere in silenzio. Puoi tranquillamente fare questo esercizio la sera prima di andare a dormire.

Sdraiati sul letto e chiudi gli occhi. Cerca di rilassarti il più possibile facendo profondi respiri e prestando attenzione a tutte le parti del tuo corpo, partendo dalle estremità. Rilassa tutto te stesso e, quando sarai pronto, inizia ad immaginarti come vorresti essere.

Aiutati con la tua immensa creatività.

Forma nella tua mente un luogo (reale o immaginario non importa) e immaginati al suo interno. Puoi ad esempio pensarti a camminare su una spiaggia bianca, con i piedi in acqua e delle grandi palme verdi che si affacciano sul mare.

Il primo giorno perdi un po' di tempo per creare il tuo ambiente, immagina anche i particolari e goditelo, assapora la pace e la serenità che provi ad essere dentro un mondo che tu hai creato e che è solamente tuo.

Quando sei in pace con te stesso, finalmente osservati.

Guarda le tue braccia, il collo, poi i tuoi fianchi, la schiena, i tuoi seni o i tuoi pettorali, i tuoi addominali, i glutei e infine le gambe.

Presta sempre molta attenzione ai particolari, sia per ciò che riguarda il tuo fisico, sia per l'ambiente che hai creato.

Immagina anche di compiere dei gesti, come ad esempio quello di smuovere con un piede una conchiglia, oppure di sfiorare una palma con una mano.

La mente subconscia non distingue la realtà dell'immaginazione e dunque devi fissare dentro di lei un'immagine che sia la più realistica possibile.

Più è particolareggiata la tua immagine, più facilmente la riporterai alla mente nei giorni successivi e più facilmente riuscirai a fissarla nella tua testa. A questo punto potrai concentrarti sempre di più sulla tua immagine all'interno del mondo che hai creato.

Lo scopo di questo esercizio è proprio quello di fissare una nuova immagine di te nella tua mente in modo che le tue decisioni future riguardo al cibo saranno automaticamente indirizzate verso l'ottenimento del tuo obiettivo.

Immaginati riflesso nell'acqua e vediti nella tua nuova immagine.

Ripeti questo esercizio tutti i giorni per

almeno 21 giorni.

Non smetterò mai di ripetertelo: sii costante.

La costanza è comunque la tua arma principale.

Ti aiuterà comunque a rilassarti sempre più facilmente.

<u>Ricorda: mangia tutto ciò che vuoi.</u>

Con questo esercizio inizierai ad apprezzare sempre di più i cibi più salutari e a rifiutare con sempre più facilità quelli più grassi o dannosi ai fini del tuo obiettivo. Mangerai tutto ciò che vorrai perché sarà anche la tua mente a volerlo.

Non è argomento di questo libro spiegarti il perché dei 21 giorni: non è un arco temporale casuale ed è il tempo minimo necessario a riprogrammare il subconscio.

Più sarai preciso e costante, più il tempo necessario si avvicinerà ai 21 giorni. Comunque già dopo un paio di settimane inizierai a sentirti diverso e a prendere decisioni "strane", cioè a fare scelte che prima non avresti mai fatto.

Soprattutto se utilizzi l'audio notturno, ti ritroverai durante la giornata a ripeterti come un mantra la frase che hai scelto. La tua mente si convincerà sempre più di aver a che fare con una persona nuova. Inizierai a sostituire le abitudini malsane con quelle buone finché non si creerà una nuova immagina di te.

A quel punto seguire una qualsiasi dieta sarà facile come bere un bicchiere d'acqua, non dovrai più fare alcuno sforzo, inizierai probabilmente a fare una maggiore attività fisica in modo automatico e sarai palesemente una persona più felice.

Fai ciò che vuoi

Vorresti tanto mettere quella maglietta di due taglie più piccola che hai visto in vetrina?

Bene.

Comprala e mettila.

Abituati a vestirti come vorresti fare.

Abituati a fare ciò che faresti con quei chili in meno.

Hai paura a farti vedere in costume perché hai tanti chili di troppo?

Metti il tuo costume e vai in spiaggia o in piscina.

Facile a dirsi.

Difficile a farsi?

«Non lo farei mai!», immagino ciò che stai pensando.

Adesso forse è così ma se seguirai costantemente gli esercizi che ti ho indicato fin qui noterai che, in breve tempo, la tua mente si abituerà all'idea di un altro te. Prenderai consapevolezza delle tue capacità e comprenderai che nessuno è li fuori a giudicarti perché tutti sono troppo occupati, come fai tu ora, a giudicare sé stessi.

Ventuno giorni, solo ventuno giorni trascorsi costantemente ad immaginarti in perfetta forma, consapevole e fiducioso che quella persona sarai tu alla fine del tuo percorso di dieta.

Con il passare del tempo non avrai più alcun timore perché sai che raggiungerai con certezza il tuo obiettivo.

Non avrai più alcun dubbio su ciò che è giusto fare e ciò che non è giusto fare.

La tua mente inizierà a viaggiare su un nuovo binario, tu inizierai ad apprezzare quei cibi che ti aiuteranno a raggiungere il tuo obiettivo.

Allo stesso momento rifiuterai ciò che poco tempo prima guardavi con sguardo goloso.

Avrai dei miglioramenti repentini e talmente straordinari da restare incredulo.

Perderai peso mangiando tutto ciò che vorrai perché finalmente desidererai solamente quel cibo sano e genuino che ti fa stare bene con te stesso.

È tutto scritto nella tua mente.

Smetti già da ora di incolpare le diete quando la verità è che sei tu che hai sempre fallito.

Basta giudicare i medici che ti hanno mal consigliato quando sei tu che non sei stato in grado di seguire i loro consigli.

Ora sai bene che il potere è tutto nelle tue mani.

Forse non ne sei ancora consapevole del tutto ma con la lettura di queste pagine già stai cambiando.

C'è una frase dell'immenso Bob Proctor che in poche righe riassume tutto ciò che finora ho scritto.

"Tutti i grandi uomini del passato sono stati dei visionari, erano uomini e donne che si proiettavano nel futuro. Pensavano a quello che sarebbe potuto essere, piuttosto che a quello che già era, e poi loro stessi entravano in azione, per fare in modo che queste cose accadessero."

(Bob Proctor)

Pensa al presente, crea la visione di un nuovo te stesso, proiettati nel futuro ed entra in azione affinché il tuo desiderio prenda vita.

L'azione

Con questo capitolo arriviamo alla fine del percorso e trattiamo lo spinoso argomento dell'agire.

Hai mai sentito parlare di "The Secret", il film documentario del 2006 dal quale poi è stato tratto l'omonimo libro scritto da Rhonda Byrne?

È centrato sulla dottrina del New Thought che sostiene l'idea che tutto ciò che si desidera o di cui si ha bisogno può essere soddisfatto credendo in un risultato, pensandoci ripetutamente e mantenendo uno stato emotivo positivo al fine di 'attrarre' il risultato desiderato.

Ha avuto un impatto positivo in molte persone perché ha risvegliato la consapevolezza nelle proprie possibilità.

Di contro, come solitamente accade, la massa ha completamente frainteso il messaggio.

Ti ricordi cosa ho scritto all'inizio?

La massa si ferma a guardare la superficie mentre sono solo pochi coloro che cercano la verità e poi agiscono.

Anche in questo caso la stragrande maggioranza delle persone ha recepito l'idea più semplice: è possibile ottenere tutto con il solo pensiero e senza dover far nulla.

Limitati a pensare positivo e tutto verrà a te.

Ora, se hai ben capito tutto ciò che ho scritto finora, puoi facilmente verificare da solo come questa affermazione sia errata e destinata a collassare su sé stessa.

E il motivo è presto detto.

Chi pensa ripetutamente ad un obiettivo e mantiene uno stato emotivo positivo al fine di 'attrarre' il risultato desiderato è per forza di cose destinato ad agire.

Una persona che ha ben definito il proprio obiettivo e ha una immagine di sé vincente, non potrà mai stare senza far nulla. È la mente stessa che lo spinge ad agire per ottenere un risultato!

Il non far nulla non solo non è pensato ma addirittura è un evento impossibile che accada.

Questo perché chiunque riesca a fissare un obiettivo nella propria mente e a desiderarlo con tutte le proprie forze, agisce di conseguenza ed automaticamente perché è il suo stesso pensiero a guidarlo lungo il suo percorso di crescita.

Potresti mai perdere peso senza far nulla ma solo pensandoti felicemente in forma? Ti sdrai sul divano e ti abbuffi di patatine e bevande gassate ma, allo stesso tempo, ti pensi magro con un bel sorriso stampato sulla faccia.

Credi che potresti perdere peso in questo modo?

Assolutamente no.

Possono dunque verificarsi due condizioni.

Nella prima non fai nulla e dunque non ottieni alcun risultato. Ciò accade perché non hai impresso alcuna nuova immagine di te stesso nella tua testa, non hai avuto costanza e fiducia nelle tue potenzialità.

Nella seconda agisci automaticamente, senza pensarci due volte. Questo perché hai ben chiaro il tuo scopo e nella testa hai impresso una nuova immagine di te. A seconda del tuo obiettivo seguirai perfettamente la tua dieta e la tua mente ti invierà perfino degli ulteriori segnali che oggi nemmeno crederesti possibile. Magari ti suggerirà di andare a fare una corsa o una passeggiata al parco. E tu lo farai volentieri.

È così che agisce una mente che ha un obiettivo e una nuova immagine di sé.

Quindi non bisogna confondere il 'far nulla' con il 'far tutto con il minimo sforzo'.

Se la tua mente ti invia il segnale che desidera correre per il parco, tu lo farai senza alcuno sforzo.

Ma questa cosa è assolutamente diversa dallo stare seduto sul divano senza far nulla.

L'azione è una parte determinante per poter raggiungere l'obiettivo.

"Tutto quello che facciamo è preceduto da un'idea; prima pensiamo per dare corpo all'idea e poi agiamo."

(Bob Proctor)

Ora sai dunque cosa devi fare.

Inizia ad applicare quotidianamente i pochi esercizi contenuti in questo libro.

Richiedono solo costanza perché sono effettivamente pochi e non hanno davvero nulla di complesso.

Parallelamente scegli la dieta corretta per te, fatti consigliare da un medico o un nutrizionista affinché tu possa effettuare una scelta consapevole.

Poniti un obiettivo ben preciso.

Non dire (scrivere!) voglio perdere peso entro luglio.

Devi essere preciso.

Voglio perdere 15 chili entro il 10 luglio.

Obiettivo preciso con orizzonte temporale preciso.

Poi giornalmente ripetilo la mattina appena sveglio e la sera prima di andare a letto (sono i momenti in cui il cervello è più ricettivo)

Ripetilo a voce alta mostrando tutta la tua emozione nell'essere già sicuro di aver raggiunto il tuo obiettivo.

Allo stesso tempo scrivi le tue dieci frasi al presente dove descrivi tutta la tua soddisfazione nel vederti in perfetta forma.

Ricorda infine di prenderti un momento della giornata per riflettere e rilassarti nella creazione del tuo luogo sicuro.

Il dubbio e l'insicurezza sono propri dell'uomo.

Ogni volta che hai qualche cedimento torna a leggere queste pagine per trovare una nuova spinta per far uscire tutta la forza che è in te.

Dentro di te hai una forza enorme, un potenziale infinito ed una creatività immensa.

Sfrutta la grandezza che hai dentro di te per costruirti la vita che meriti.

La volontà

Se la tua mente ti invia il segnale che desidera correre per il parco, tu lo farai senza alcuno sforzo.

Se analizzi a fondo questa frase puoi vedere come si modifichi radicalmente il concetto di volontà.

Siamo sempre stati abituati a parlare di volontà quando giustifichiamo i successi o gli insuccessi di una persona.

Quel bambino ha preso un ottimo voto a scuola perché è volenteroso, cioè ha volontà di studiare.

Quell'atleta si distingue dagli altri perché si applica più degli altri, ha una maggior volontà di impegnarsi durante gli allenamenti.

Ma la realtà è differente.

L'applicazione nello studio o negli allenamenti sono atteggiamenti automatici di chi in verità ha impiegato la propria volontà per modificare i propri pensieri, per creare una immagine di sé come sempre desiderato.

Solo chi ha la volontà di credere fermamente in un obiettivo agisce di conseguenza fino al suo ottenimento.

Non devi avere dunque la volontà di seguire una determinata dieta, cosa che, inoltre, presupporrebbe anche un sacrificio nel compiere questa azione.

Devi avere la costante volontà di credere nel tuo obiettivo e di perseguire il tuo scopo mettendo in atto tutte le indicazioni che trovi in questo libro.

E se inizialmente hai difficoltà nel credere subito a ciò che desideri, allora indirizza la tua volontà nell'ardente desiderio di ottenere il risultato prefisso.

Quindi non perdere tempo a dirigere la tua volontà verso azioni o cose materiali.

Utilizza il concetto di volontà per modificare la tua mente e i tuoi pensieri.

Le azioni e le cose materiali ne saranno una diretta conseguenza.

Suggerimenti finali

È importante inviare le giuste informazioni alla nostra mente dato che il nostro subconscio controlla anche i processi di digestione ed assimilazione.

Quando dobbiamo mangiare è lui che ci invia lo stimolo di mangiare.

Quando abbiamo sete ci indica di bere.

Cerchiamo dunque di porre massima attenzione a ciò che la mente ci comunica ma anche a qualsiasi segnale noi inviamo al nostro cervello.

Quando mangiare

Se non hai fame, perché mangi?

Con il passare del tempo, una volta fissato l'obiettivo ed impressa la nuova immagine nella mente, situazioni di questo tipo sono destinate a scomparire.

Però per i primi periodi è bene far attenzione.

È necessario mangiare quando si ha fame ed è necessario smettere di mangiare appena questo stimolo cessa.

Per far tutto nel modo corretto è consigliabile mangiare con molta calma per dar modo al nostro subconscio di inviarci il segnale al momento giusto.

Cosa mangiare

Un buon consulto con un medico o un nutrizionista è l'arma vincente per capire quali cibi sono più indicati per la propria condizione.

Di certo è sempre preferibile l'utilizzo di cibi di stagione che portano benefici nutrizionali e anche economici.

Inoltre è buon costume mangiare solo cibi naturali, vegetali o carni provenienti da coltivazioni o allevamenti biologici.

Come mangiare

Ricorda di dare la giusta importanza alla masticazione dato che la prima digestione avviene in bocca. Inoltre masticando diamo anche il tempo al nostro subconscio di inviarci per tempo l'eventuale stimolo della sazietà.

La maggior parte delle diete consiglia di mangiare poco e più volte durante la giornata per mantenere attivo il metabolismo.

Queste sono solo brevi indicazioni ma che di certo non possono sostituire un consulto da un medico. Potrai comunque vedere che, se agirai correttamente sulla tua mente, molti atteggiamenti li adotterai automaticamente. Alla fine se hai chiaro il tuo obiettivo, la mente ti condurrà inequivocabilmente a centrarlo.

Evita festicciole e abbuffate

Finché non avrai riprogrammato la mente devi evitare di partecipare a feste e festicciole o serate a cena con gli amici. Il discorso è più complesso di ciò che immagini perché non basterebbe evitare di mangiare. Almeno per i primi 21 giorni devi cercare di condurre una vita lontana dallo stile di vita che vuoi cambiare perché alla mente non interessa se tu mangi o meno. All'immagine che hai di te nella tua testa basta solo vedere una tavola imbandita o un buffet per rafforzarsi.

Devi assolutamente evitare tutto ciò che può ricordarti il tuo vecchio stile di vita finché capirai di poterlo fare. Una volta che avrai riprogrammato la mente te ne accorgerai e capirai di poter nuovamente partecipare a qualsiasi festa o cena perché, in modo automatico e senza alcuna rinuncia, ti comporterai in modo coerente con la nuova immagine che avrai di te nel tuo subconscio.

Leggi

La <u>giusta</u> lettura è importante. Ti ho precedentemente consigliato un gran libro che potrà aprirti la mente e cambiarti la vita.

Anche la lettura dei libri di chi ce l'ha fatta o di grandi autori di self-help (Bob Proctor,

Wallace Wattles, Maxwell Maltz per nominarne alcuni) fa molto molto bene. Per 21 giorni impegnati a fare tutto ciò che possa aiutarti ad intraprendere il tuo nuovo percorso.

Ringraziamenti

Per prima cosa ringrazio tutti i miei colleghi e collaboratori che mi hanno spinto a scrivere queste pagine, con la ferma speranza di poter aiutare tutti coloro che trovano grandi difficoltà nell'affrontare il loro percorso verso la perdita di peso.

Ringrazio la mia famiglia e tutti gli amici che mi hanno sostenuto in questo periodo così impegnativo.

Grazie anche a tutti coloro che leggeranno queste pagine, con l'augurio che possiate raggiungere i vostri obiettivi anche grazie alle mie parole.

Un grazie a te che stai leggendo e che, se vorrai, potrai darmi una tua opinione. Una recensione sul proprio lavoro è sempre gradita.

Infine, ma non ultimo, grazie a Ivan N. De Sanctis per tutto ciò che ha fatto per me.

Grazie.

Inoltre, le informazioni che si possono trovare immediatamente all'interno delle pagine descritte devono essere considerate accurate e veritiere quando si tratta di raccontare i fatti.

In quanto tale, qualsiasi uso, corretto o scorretto, delle informazioni fornite renderà l'autore libero da responsabilità per le azioni intraprese al di fuori del suo ambito di diretta competenza. Indipendentemente da ciò, non ci sono scenari in cui l'autore originale o l'Editore possano essere ritenuti responsabili in qualsiasi modo per eventuali danni o difficoltà che possono derivare da una qualsiasi delle informazioni qui presenti.

Per loro natura, le informazioni sono presentate senza alcuna garanzia circa la loro validità prolungata nel tempo.

Eventuali marchi presenti o personaggi famosi sono stati menzionati senza consenso scritto e ciò non può in alcun modo essere considerato un'approvazione da parte del titolare del marchio o del personaggio stesso. Eventuali citazioni sono presenti a scopo puramente informativo e didattico.